AF176174

Gedichte
inspiriert aus
mystischen Quellen
göttlicher Liebe

verfaßt von Daniel Ladinsky

übersetzt und herausgegeben
von Ekkehard Ortmann

Bibliografische Information der Deutschen Nationalbibliothek
Die Deutsche Nationalbibliothek verzeichnet diese Publikation in der Deutschen Nationalbibliografie;

detaillierte bibliografische Daten sind im Internet abrufbar über
http://dnb.d-nb.de

Umschlaggestaltung, Satz und Gestaltung:
Ekkehard Ortmann

Printed in Germany.

ISBN: 9783752607987

Herstellung und Verlag:
BoD – Books on Demand, Norderstedt
Internet: www.bod.de • E-Mail: info@bod.de

Vorwort
des Übersetzers und Herausgebers

Dieses kleine Büchlein enthält eine Auswahl von 48 Gedichten, die allesamt dem Bestseller Daniel Ladinskys aus dem Jahre 2002 entnommen sind und die ich nun mit seiner freundlichen Genehmigung einem deutschen Leserkreis nahe bringen kann. In seinem Buch hat er insgesamt ca. 300 Gedichte verfaßt – inspiriert durch Texte von 12 der bedeutenden Mystiker aus Ost und West. Dabei sind die Gedichte jeweils dem Mystiker bzw. der Mystikerin zugeordnet, der oder die ihn zu dem jeweiligen Gedicht inspiriert hat. Je 4 davon habe ich ausgewählt.

Bei der Übersetzung war es mein Bestreben, Sinngehalt und spirituelle Tiefe „vom englisch-sprachigen Ufer des Sees (hier als ein Symbol für Seele) zum deutsch-sprachigen Ufer zu transportieren, also wie mit einem Boot über zu setzen."

In Daniel Ladinskys Buch kann man noch weitere biografische Angaben zu den einzelnen Mystikern oder Mystikerinnen finden.

In wenigen Fällen habe ich [zum besseren Verständnis] in eckigen Klammern Ergänzungen bzw. Erläuterungen eingefügt.

Ekkehard Ortmann

In der 2. Auflage sind kleine Fehler berichtigt, die Schriftgröße verkleinert und der Seitenrand vergrößert.

Inhaltsverzeichnis

Allah in arabischer Schrift

Rabia von Basra

ca. 717 – 801; aus dem Gebiet des alten Mesopotamien, dem heutigen Irak, stammend; beliebteste und einflußreichste islamische Heilige und eine zentrale Figur in der Sufi-Tradition

STIRB, BEVOR DU STIRBST

Ironie des Schicksals, einer der intimsten Vorgänge unseres Körpers ist das Sterben: der Tod.

So schön erschien mir mein Tod – sogleich wußte ich, wen ich dann küssen würde, tausendmal starb ich, bevor ich gestorben bin.

"Stirb bevor du stirbst," sagte der Prophet Mohammed.

Haben jemals Flügel der Angst die Sonne berührt?

Geboren ward ich, als ich alles, was ich einst befürchtet hatte – lieben konnte.

MEINE GEDICHTE UND MEIN EINZIGES BESTREBEN

Das Bestreben, das in meinen Gedichten zum Ausdruck kommt – das ist alles, von dem ich will, daß auch mein Kind es kennt und darum weiß.

Wahrlich, sind wir nicht Kinder voreinander? – So empfindlich und verletzlich gegenüber den Worten und Gesten der jeweils anderen.

In der Schule wurde mir beigebracht, andere nicht zu verletzen, jetzt bin ich von diesem Verlangen geheilt.

Ich bin gekommen, um mich zu überzeugen, daß alle an Seiner Tafel Platz genommen haben, und Seine Dienerin bin ich geworden.

Manchmal ist Gott so behutsam, daß er öffentlich gar nichts sagt, er kneift mich dann. Das ist das Stichwort für mich – die Lücken deines Verständnisses auszufüllen, so gut ich kann.

EINE VASE

Immerfort halte ich eine unbezahlbare Vase in meinen Händen. Falls du mich nach den tieferen Wahrheiten des Weges fragen solltest und ich dir Antwort geben würde, wäre es so, als würde ich dir heilige Reliquien überreichen.

Aber die Hände der meisten Menschen sind rücklings gebunden; das heißt, sie sind nicht von Erlebnissen frei, die ihre Augen gesehen, ihre Ohren gehört und ihre Leiber gespürt haben.

Die meisten vermögen es nicht, ihre Fähigkeiten in der Gegenwart zu konzentrieren und würden vielleicht abtun, was ich gesagt.

Also warte ich; ich bin bereit zu warten, bis deine Liebe zu allem – das Jetzt zum Leuchten bringt.

UNRUHESTIFTER

Alldieweil niemand wirklich etwas über Gott weiß, sind diejenigen, die glauben, etwas über Ihn zu wissen, nur Unruhestifter.

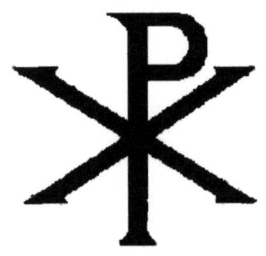

Christusmonogramm

Franz von Assisi

1182-1226, aus Assisi in Mittelitalien stammend, der bekannteste und beliebteste Heilige der westlichen Welt

ALS ICH VON ROM ZURÜCKKAM

Ein Vogel ergriff die Flucht. Und eine Blume auf dem Feld pfiff mich an, als ich vorbeiging. Ich trank aus einem Fluß klaren Wassers. Des Nachts entband der Himmel seine Haare und während ich einschlief, hielt ich eine Locke Gottes fest.

Als ich aus Rom zurückkam, sagten alle zu mir: "Berichte uns von den großartigen Neuigkeiten," und so erzählte ich mit großer Aufregung:

"Eine Blume auf einem Feld pfiff, und des Nachts entband der Himmel seine Haare und während ich einschlief, hielt ich eine heilige Locke ..."

DAS HEILIGE WASSER

Niemand lebt außerhalb der Grenzmauern dieser heiligen Stätte – der Existenz. Des heiligen Wassers bedarf ich, das mein Auge benetzt und reinigt: Du bist es, Geliebter, Du – in jeder Erscheinung und Gestalt.

Welche Mutter würde ihr Kind verlieren und vergessen ? – Für Gott sind wir das Kind; niemals gehen wir Seinem Blick verloren! Des Herzens Ruf und Wehgeschrei werden zuverlässig beantwortet: Arme – dem Licht eigen – kommen und kümmern sich. Wo auch immer du umherirrst, wird dir Hilfe zuteil.

Alles, was du berührst – hat Gott eingebracht in die Lernstube deines Geistes. Ja, es gibt Unterschiede, aber nicht im Land der Liebe. Daher weiß ich, daß meine und deine Gelübde dieselben sind.

Gerade habe ich die Kartoffeln geschält, während du noch über ihren Wert nachsinnst. Mein Schatz, in allem sind – in der Tat – wundervolle Nährstoffe, denn alles ist erschaffen von Gott.

Mit der Geburt bist du Teil unserer Gemeinschaft geworden. Mit einem himmlischen Vater, der ist, was Er ist – was weiß die Welt schon von deinem kostbaren Wert ? Angesichts des Sohnes und seines makellosen Seins – verblassen jegliche Unterschiede zwischen Priester und Hure.

Doch wer kann das ertragen – diese Wahrheit und die Freiheit in ihrer Folge? Deshalb verfälschte ein weiser Mensch die Schriften; jedem Weisen ist das klar.

Meiner Seele Antlitz hat mir ihre Schönheit offenbart; warum nur war sie – so lange – scheu und verborgen; wußte sie nicht, wie sehr sie mich leiden und weinen ließ?

Mit seinen engsten Vertrauten spielt Er ein anderes Spiel, Gott sagt uns Wahrheiten, die du nicht glauben würdest.

Für die meisten Menschen gilt, daß sie Sein Mitgefühl begrenzen müssen; der goldene Same wird durch Vorstellungen von richtig und falsch eingeschlossen, bis einer der Freunde Gottes daher kommt und behutsam mit dir umgeht – wie mit einer göttlichen Braut.

Um die Grenzen des Seins und des Mitgefühls auszuloten, sandte der Heilige einen Vermesser aus. Gott kennt sowohl göttliche Enttäuschung wie göttliche Vergeblichkeit, wann immer in seiner Aufführung solches von Ihm dargeboten wird. Dem Unendlichen sind keine Beschränkungen auferlegt.

Wieso nicht Ihn damit aufziehen und necken? Wieso nicht die Freiheit akzeptieren ? Was es Ihm – unserem Herrn – bedeutet, wenn Er uns betrachtet als eins mit Ihm Selbst?

So großartig und unumschränkt ist unser Geliebter. Behaupte nicht, daß "am anderen Ufer des Flusses ein anderer König regiere." Wie könnte das wahr sein – nichts kann sich Seiner grenzenlosen Stärke widersetzen.

Niemand lebt außerhalb der Grenzmauern dieser heiligen Stätte – der Existenz. Das heilige Wasser, das Auge und Stirn meiner Seele benötigen, ist Einssein. Von Liebe ward das Auge meiner Seele geöffnet, geläutert ward ich schließlich von der Reinheit einer jeden Erscheinung und Gestalt.

DEMUT UND MITGEFÜHL

Können wahre Demut und Mitgefühl in unseren Augen sein und sich auch in Worten zeigen, wenn wir uns nicht bewußt sind, daß auch wir zu jeglicher Handlung imstande sind?

DEINER BEDÜRFEN WIR

Geliebter, laß uns deinen Frieden spüren, alle Zeit sind wir Deiner bedürftig. Laß uns in Deiner Hand ein Werkzeug sein, das jede Fessel sprengt, auf daß die Eingesperrten nicht weinen. Gib uns unser Erbe, die göttliche Liebe, damit wir – wie Du – vergeben können. Erfülle uns mit Weisheit, so daß wir nicht am Wahnsinn anderer teilhaben; nicht zulassen, daß sie sich an uns vergehen und schuldig machen, wenn sie in ihrer hilflosen Wut uns mit Lanzen klaffende Wunden zufügen.

Dunkelheit ist der Docht, der nicht angezündet wurde; es braucht nur Deine Berührung, Geliebter, um als heilige Flamme zu brennen. Welche Traurigkeit dieser Welt könnte aushalten, in Deine Augen zu schauen?

Gott ist wie eine Honigbiene, es macht Ihm nichts aus, wenn ich Ihn so nenne; bist du gütig – so ist das süß für Ihn, und Er kommt näher und kann dich endlich in Sich Selbst hineinziehen.

Was gibt es voneinander zu verstehen: Könnte die Sonne mit einem Zauberstab in einen Mond verwandelt werden, würde der Mond nicht trauern um den entzückenden

Glanz, der ihn einmal umgab? Wir alle trauern und weinen der Erfahrung unseres Wesens nach, das uns einst bekannt und so vertraut war und das wir jetzt vermissen.

Licht ist das Heilmittel, alles andere nur leerer Schein.

Ja, jedem Geschöpf, das mir vor Augen ist, will ich Trost zusprechen, wenn es nicht lacht oder auf seine Weise voller Leidenschaft lebt. Denn Lachen und Leidenschaft – Schönheit und Freude – ist die Wahrheit unseres Herzens, alles andere ist Arbeit und der Seele fremd.

In Seinem Regen stand ich und – den fruchtbaren Ebenen gleich – fülle ich jetzt die Kornkammern. Für die Liebe ist Geben so natürlich und selbstverständlich wie der Klang der Stimme für den Mund.

Es gibt ein mutiges, beherztes Sterben, das Auslöschung bedeutet. Dieser heilige Tod entfaltet die Flügel der Seele – des großen Geistes – und ermöglicht es uns, Gott zu umarmen, auch wenn wir noch mit beiden Beinen auf der Erde stehen.

Heiliger Geist
Bild-104144 von Schmidsi (Pixabay)

Himmel oder Gott
in mesopotamischer Keilschrift

Dschelaleddin Rumi

1207-1273, aus Balkh im heutigen Afghanistan (damals an der östlichen Grenze des persischen Reiches) stammend, bedeutendster Sufi-Mystiker und Dichter

WIE'S BEFLÜGELTE WESEN SOLLTEN

Was werden unsere Kinder früh morgens tun?

Werden sie – mit dem Wunsch zu spielen im Herzen – aufwachen, wie es beflügelte Wesen sollten? Werden sie von den dafür nötigen Flügen geträumt und die Kraft der Planeten eingesammelt haben, die die Menschen brauchen, um die wunderbare Ausstrahlung der Erde auszubalancieren, so daß *ihre* Kraft und Schönheit uns nicht unsere eigene vergessen läßt?

Ich kenne sie gut – die Weise des Herzens – wie es lebendig sein will. So stark verlangt Liebe danach zu lieben, daß sie nahezu alles zu erleiden bereit ist, selbst Mißbrauch, nur um für kurze Zeit wie eine brennende Kerze zu flackern.

Doch des Himmels Mund ist freundlich, sein Lied wird dich niemals verletzen, denn es sind seine Worte, die ich singe.

Was werden unsere Kinder früh morgens tun, wenn sie uns nicht fliegen sehen?

RUMI, VERBEUGE DICH VOR ALLEM

Wenn Gott sagen würde:
"Rumi, huldige allem, was dir geholfen hat,
in meine Arme zu kommen," würde es keine
einzige Erfahrung meines Lebens geben, kei-
nen einzigen Gedanken, kein einziges Gefühl,
keine Handlung, vor der ich mich nicht ver-
beugen würde.

UNTER'M HIMMEL ZUSAMMENGEDRÄNGT

Wen auch immer ich verletzt habe durch ein verfehltes Wort, so daß Schmerz und Traurigkeit im Gesicht geschrieben standen, – was kann ich tun, um das auszugleichen?

Verlang' es mir hundertfach ab – ich werde es zahlen.

Bei jedem Schritt während des Tages achte ich darauf, wohin ich den Fuß setze, denn Ausschau halte ich nach wundersamen Insekten und ihren Behausungen. Wieso sollte ich in ihre außergewöhnliche Welt Schrecken bringen wollen?

Magnetfelder ziehen uns hin zum Licht; sie bewegen unsere Glieder und Gedanken. Aber noch ist es dunkel; wenn unsere Herzen nicht eine Laterne halten, werden wir über einander straucheln, so zusammengedrängt – wie wir sind – unter dem Himmel.

SIE TÄUSCHEN NUR HINWEG

Etwas in meinem Inneren sagte, daß ich einmal ein Mineral war und froh, einfach nur zu sein. Meine Antwort: "Ich werde diesen Auftrag annehmen, das klingt angenehm."

Ganze Zeitalter später tauchten aber in meiner Seele Wurzeln auf, die sich nähren und an einem warmen Körper saugen wollten; das Wunder ihrer Liebe – die Zärtlichkeit der Erde – erhob mich in die Luft, wo ich das Licht erblickte und aus den Feldern heraus pries und rühmte ich es.

Wie ein Bildhauer bearbeitete die Zeit meine Sinne und schließlich hörte ich ein anderes Lied, in dem es hieß: "Du bist mehr als eine Pflanze, jenen außergewöhnlichen Tieren bist du gleich." Also glaubte ich das und lange Zeit streifte ich umher, doch dann begann ich zu denken: Was bin ich wirklich, in Wahrheit?

Zu Flügeln von Falken wurde ich, zu Flügeln von Engeln. Mit Gott liebäugelte ich im Himmel. Als Er mich einmal küßte, glaubte ich, daß Er der Liebe so nah sei, wie ich ihr nahe komme, aber jetzt weiß ich:

Alle Worte und Bilder trügen und täuschen nur hinweg über die Herrlichkeit.

Wirkende Kraft -
Rune Ansuz

Meister Eckehart

1260-1328, aus Thüringen in Deutschland stammend, großer Mystiker und brillianter Denker und Prediger in einer Person

EINST WAR ICH WALD

Einst war ich Fluß, war Wald, war auch Feld, war Huf und jeglicher Fuß, war Flosse und Flügel, war der Himmel selbst.

Da war keine Frage nach Sinn und Zweck meines Daseins, keine Vorstellung von Mangel oder Bedürftigkeit. Nichts, was nicht von Liebe umfangen war.

Erst als ich auszog und alles verließ, was ich einst gewesen, kamen Leiden und Qual, kamen Fragen und Angst. Alsbald weinte ich bitterlich, weinte Tränen, wie ich sie nie zuvor gekannt.

Schließlich kehrte ich um – kehrte zurück zum Fluß, zurück zu den Bergen, bat inständig um ihre Einwilligung, sich wieder mit mir zu vermählen, bat jede Erscheinung, bat jedes Geschöpf, wieder eins mit mir zu werden.

Als sie mir ihre Einwilligung schenkten, spürte ich, daß ich Gott in meinen Armen hielt – hier und jetzt für immer gegenwärtig.

Nicht fragte er mich: "Wo bist du gewesen?"

Heute weiß ich, daß jede Seele nur Ihn hält – in liebender Umarmung – immer nur Ihn.

JERUSALEM

Eine Hand in meiner Seele kann nach Jerusalem langen und es berühren, derweil meine andere Hand von der Schönheit des Rheins kostet.

Und mein nackter Fuß vermag auf der heiligen Asche zu stehen, die mit dem Regen zu Boden ging – jeder Tropfen ein gefallener Phönix – hinausposaunt aus dem Feuer der Vereinigung mit irdenem Ton.

Hügel und Täler, Tiere, Weinberge, der Erde heilige Wiesen und unser Leib – sie werden vorbeiziehen und [den Luftblasen im Wasser gleich] hinaufsteigen wie alle Erscheinungsformen – des engen Raumes in einem Käfig überdrüssig geworden; denn alles bedrängt die Seele, nur das Unendliche nicht. Zu Gott Aufsteigende sind wir.

Schau an, obwohl wir diesen Planeten bereichern mit unseren organisch dahinschmelzenden Schatten, sind sie doch alle wundersame Schatten – außer Ihm.

Was Gott wohl für eine Gebärmutter haben mag – und welch wilden Liebesakt Er mit sich selbst tagelang und unaufhörlich vollzogen haben muß, um alles zu gebären, was du dir vorstellen kannst, und auch all jenes, auf

33

das du gar nicht kommst.

Wenn du einen Kreis um die Grenzen des Weltraums ziehst, kann Gott dort kaum eine Zehe hineinzwängen.

Als ob sich alle Sprache zu scheitern geschworen hat, bei jeglichem Versuch, Ihn zu beschreiben. Wer es dennoch versucht, erreicht den Gipfel der Arroganz und spricht sich selbst gegenüber eine Art Kriegserklärung aus: innen ist teilweises Absterben die Folge, was unsere Stärke untergräbt, außen blutrote Verstümmelung in Konflikten.

Eines Nachts schrie ich in der wahnsinnigen Vorstellung, von der Liebe getrennt zu sein, im Wahnsinn des Tuns, des Versuchs, der Vollkommenheit etwas hinzuzufügen; ist doch alles schon vollkommen.

Das erwachte Herz ist wie eine leuchtende Sphäre – nur strahlend ohne Gedanke an irgendwen, der nahe kommen oder es anschauen mag.

Glücklicherweise geht der Seele alles verloren – nur nicht ihr eigenes heiliges Wesen.

Wenn wir nicht sein können, wer wir sind, werden unsere göttlichen Sinne verstummen; stumm und krank werden sie vom Wahnsinn des Urteilens über das, was Er makellos erschaffen hat.

Mit wem muß sich Gott in Liebe vereint haben, daß Er all das zur Welt gebracht hat: all den Klang und ein heiliges Spektrum von Farben und Düften; Musik aus dem Körper des Windes [Luftschwingungen] und Daseinsformen, die für Barmherzigkeit sprechen – die wahre Barmherzigkeit erbitten, unfaßliche Freude?

Einst hatten wir vier Beine und hatten Schwänze, die zum Ausgleich für unseren überfallartigen Sturm in den Himmel dienlich waren; und ich habe sie wieder gefunden.

Heute Nacht bin ich eine schwimmende Galaxie. Engel streifen um mich herum und hoffen, daß ich ihnen eine Handvoll frisches Licht zuwerfe – hier, meine Lieben, hier, mein Rucksack ist voll davon. Das Universum borgt sich Raum von mir aus und aus meinem Brunnen werden Ozeane gefüllt. Wie kann das sein?

Weil ich Jerusalem berühren kann, während meine andere Hand von der Schönheit des Rheins kostet. Ja, während ich Jerusalem küsse, kann mein Mund die Wunder des Rheins schmecken.

LIEBE BEWIRKT DAS

Von morgens bis abends arbeitet ein kleiner Packesel, manchmal mit schweren Lasten auf dem Rücken und manchmal voller Sorgen um etwas, das nur Eseln zu schaffen macht. Und wie wir wissen, können Sorgen uns mehr erschöpfen als körperliche Arbeit.

Hin und wieder kommt ein freundlicher Mönch zu seinem Stall und bringt eine Birne mit, aber mehr noch: er schaut in die Eselsaugen und berührt seine Ohren und für ein paar Sekunden ist der Esel frei und scheint sogar zu lachen, weil Liebe das bewirkt. Liebe befreit.

SEIN DEHNT SICH IM DASEIN AUS

Alle Geschöpfe sind Worte Gottes, Seine Musik, Seine Weise. Heilige Bücher sind wir für die unermeßlichen Anlagen in unserer Seele.

Jede Tat offenbart etwas von Gottes verborgenem Sein und trägt dazu bei, daß sich das Dasein ausdehnt. Ich weiß, daß es schwer sein mag, das nachzuvollziehen.

Alle Geschöpfe tun ihr Bestes, zur Gottesgeburt in der Seele beizutragen. Genug gesagt für heute, denn ich gewahre Sein Wirken in mir. Für eine Weile will ich jetzt still sein. In meinem Herzen nehmen Welten Gestalt an.

θεός

Gott auf Altgriechisch

Thomas von Aquin

1225-1274, aus Aquino, einem Dorf in der Nähe von Neapel in Italien stammend, größter katholischer Theologe und Mystiker

IM NAMEN DER LIEBE

Alle Wahrheit ist ausnahmslos von Gott – egal von wem sie übermittelt wird.

Wenn ein Vogel beschuldigt würde, zu früh am Morgen gesungen zu haben, wenn auf öffentlichem Platz eine Laute auf magische Weise von alleine anfinge zu spielen und mit bezaubernden Klängen wilde Leidenschaft weckte, von einem jungen Liebespaar öffentlich zur Schau gestellt, wenn die Laute und der Vogel dann vor ein Gericht der Inquisition gestellt würden und ihr Leben buchstäblich auf dem Spiele stünde, würde Gott dann nicht vor dem Gericht erscheinen und sagen: "Aller Schönheit Ausdruck ist Mein und geschieht im Namen der Liebe"?

Und wenn Gott dort Zeugnis ablegte für unsere Herzenswünsche, wäre der Richter hoffentlich klug genug, einer Frage zu widerstehen, die vielleicht lauten könnte:

„Lieber Gott, du sagst, aller Ausduck der Schönheit sei Dein, das können wir sicher glauben. Aber was ist mit all den Handlungen, die wir in der Welt sehen, gibt es denn eine Kraft, die größer ist als die Deiner allgegenwärtigen Hand?"

Und Gott hätte vielleicht geantwortet: "Ich

mag diese Frage" und hinzugefügt: "Darf ich dir auch eine stellen?"

Und dann hätte Gott gesagt:

„Warst du schon einmal im Gespräch mit anderen Erwachsenen, während Kinder den Raum betraten, und hast dann aufgehört zu sprechen, weil du wußtest, daß sie nicht alt genug waren, um etwas davon zu verstehen? So bemerkenswert Eure Welt auch sein mag, die meisten Menschen in ihr sind in spiritueller Hinsicht Kinder. Spiritualität ist Liebe, und Liebe führt niemals Krieg, weder gegen die Zeit noch gegen sich selbst oder gegen andere. Liebe würde eher sterben als Glieder oder Flügel eines Lebewesens zu verstümmeln. Mein Lieber, alles, was die Menschen trennt, was Erde vom Himmel trennt, Licht von der Dunkelheit, eine Religion von der anderen ...

Oh, ich schweige jetzt lieber, ich sehe nämlich ein Kind, das gerade den Raum betritt.“

VERSTEHT GOTT SICH SELBST ?

Versteht Gott sich selbst ? Nicht in Form der Schöpfung. Denn Schöpfung existiert und gleichzeitig existiert sie nicht. Wie sollte es anders sein in einem Geist, der unendlich ist?

Daher macht Gott auf alle Fälle niemanden verantwortlich – insbesondere auch sich selbst nicht.

Wenn im Traum jemand in dein Haus eingebrochen ist und etwas Bestimmtes gestohlen hat und du nach dem Aufwachen dieses Ding wieder findest, würdest du dann noch die Polizei rufen?

Nicht, wenn du bei Verstand wärst. Wann immer in uns Gott erwacht, wird Sein und unser Denken klar – nichts fehlt.

Und wie sollte Er dann nicht vergeben, was nie wirklich passiert ist – und bzw. oder was Er verursacht hat?

BIST DU BEREIT, AUCH DAS ZU UMARMEN ?

Als ich zu Gott sagte: "Laß mich Dich lieben", erwiderte Er: "Welchen Teil ?" "Alles von Dir, alle Teile von Dir", sagte ich daraufhin.

Wieder antwortete Er: „Mein Lieber, du bist wie eine Maus, die einen Tiger schwängern will, der nicht einmal brünstig ist. Das ist ein Kunststück, das weit über deinen Mut und deine Kraft hinausgeht. Wenn ich mich nicht mehr vor dir versteckte, würdest du vor mir davonlaufen."

Doch ließ ich nicht locker und antwortete Ihm: "Geliebter, es ist mein dringendes Bedürfnis, Dich zu lieben – jeden Aspekt, jede Pore."

Diesmal entgegnete Er: "Obgleich es ja nur ein winziger Teil meines Seins ist, gibt es einen Schönheitsfehler an meinem [kosmischen] Leib, einen abscheulichen Makel – könntest du auch diesen Teil küssen, wenn er offensichtlich würde?"

"Ich will es versuchen, Gott, mein Herr, ich will es versuchen."

Dann endlich sagte Gott: "All der Haß und all die Grausamkeit in der Welt – das ist der Makel."

IN DECKUNG GEHEN

Maßgeblicher als jegliche Handlung ist der Beweggrund, der ihr zugrunde liegt, der Antrieb. Ein Meeresfisch kann genug Schwung sammeln, um in die Luft zu springen, mag dabei sogar in ein Boot fallen und vielleicht jemanden beißen.

Aber wenn man dieses Ereignis bis zu seinem Ursprung zurück verfolgt, ist der Ozean als Ursache zu erkennen.

All unsere Gedanken entspringen Gott; ausgehend von seinem Bogen hat die Schöpfung ihren Flug aufgenommen. Hinter jeder Handlung steht der Geliebte, immer ist Er die Ursache. Ein Kind beschuldigt andere für seine Nöte. Niemand kann die Flugbahn Seiner Pfeile ändern.

Das bedeutet nicht, daß man nicht ein Meister darin werden sollte, sich zu ducken und in Deckung zu gehen.

Gott - göttlich
in der Schrift der Mayas

روح الهى

Göttlicher Geist - Persisch

Mohammed Schemseddin Hafis

ca. 1320-1389, aus Schiras in Südpersien stammend, großartiger Dichter und großer Mystiker

MISERABEL IN MATHEMATIK

Einmal stahl eine Gruppe von Dieben einen seltenen Diamanten, der größer als zwei Gänseeier war. Sein Wert entsprach sicherlich dreitausend Pferden und dreitausend Morgen des fruchtbarsten Landes in Schiras.

Zur Feier ihres großen Beutezuges betranken sich die Diebe in der Nacht darauf, doch im Laufe des Abends waren sie schließlich nicht nur alkoholisiert, sondern auch von starkem gegenseitigem Mißtrauen erfüllt, so daß sie beschlossen, den Stein in Stücke zu teilen. Natürlich ging der unschätzbare Wert des Diamanten dabei weitgehend verloren.

Die meisten sind schlecht in Mathematik und tun das Gott an – sie zerlegen das Unteilbare durch Denken und Reden:

„Er sieht aus wie mein Geliebter und verhält sich auch so, wie soll dieser Depp da drüben wirklich Gott sein?"

ICH BIN HIER, UM DIES ZU SEHEN

Ich bin auf die Welt gekommen, um dies zu sehen:

Sogar auf dem Gipfel unserer Wut fällt uns Männern das Schwert aus der Hand, weil wir endlich erkannt haben, daß wir nur *ein* Fleisch verwunden können, nämlich das Fleisch Seines Leibes – des Christus, unseres Geliebten. Ich bin auf die Welt gekommen, um dies zu sehen: während wir diese wunderbare Existenz durchleben, die wir auf dem Weg zu einem größeren Dasein der Seele teilen, einem Dasein in seligem Licht, auf ewig umschlungen und in göttlichem Spiel mit ihm, halten sich alle Kreaturen an den Händen.

Ich bin auf die Welt gekommen, um dies zu hören:

Jegliches Lied, das die Erde gesungen hat, seit sie im Mutterleib Gottes empfangen ward und sich auf Seinen Wunsch hin zu drehen begann, jegliches Lied von Flügel, Flosse und Huf, jegliches Lied von Hügel, Feld und Baum, von Frau und Kind, jegliches Lied von Fluß und Fels, jegliches Lied von Pinsel, Leier und Flöte, jegliches Lied von Gold, Smaragd und Feuer, jegliches Lied, zu dem das Herz mit herrlicher Würde weinen kann, weil es sich selbst als Gott erkennt; denn alles andere Wissen wird uns wieder in Not und Schmerz zurücklassen – nur indem wir die herrliche Sonne in uns aufnehmen, werden wir vollständig.

Ich bin auf die Welt gekommen, um dies zu erleben:

Menschen, die der Liebe so treu sind, daß sie lieber sterben, als ein unfreundliches Wort auszusprechen. Menschen, die ihr Leben wahrhaftig Ihm gewidmet haben – als der Hoffnung köstliche Verheißung.

Ich bin auf diese Welt gekommen, um dies zu sehen:

Sogar auf dem Gipfel unserer Wut fällt uns Männern das Schwert aus der Hand, weil wir endlich erkannt haben, daß wir nur ein Fleisch verwunden können.

DIE FRAU, DIE ICH LIEBE

Weil die Frau, die ich liebe, in dir lebt, neige ich mich mit meinen Worten so nah wie möglich deinem Körper zu – und ich denke die ganze Zeit an dich, lieber Pilger.

Weil die, die ich liebe, mit dir geht, wohin du auch gehen magst, wird Hafis immer in der Nähe sein. Wenn du vor mir säßest, Wanderer, mit einer Aura, die von deinem Liebreiz hell leuchtet, könnte ich noch widerstehen, dir eilig mit meinen Lippen näher zu kommen, aber meine Augen, meine Augen könnten nicht länger verbergen, wer du wirklich bist, diese wunderbare Gegebenheit. Die Schöne, die Einzige, die ich verehre, hat ihr königliches Zelt im Inneren von dir aufgeschlagen.

Deshalb will ich immer mein Herz so nah deiner Seele zuneigen, wie ich kann.

VOLLKOMMENER GLEICHMUT

Schau, wie ein Spiegel alle Geschehnisse vor ihm mit vollkommenem Gleichmut reflektiert. Keine Aktion auf der Welt führt jemals dazu, daß der Spiegel wegschaut. Zu keinem Vorgang auf der Welt sagt er jemals "nein". Wie vollkommene Liebe gibt sich auch der Spiegel immer wieder allen hin, die vor ihm stehen.

Wie konnte der Spiegel jemals so werden, so höflich, so großzügig, so mitfühlend? Er beobachtete Gott.

Ja, der Spiegel sieht in seiner Erinnerung den Geliebten, der in sich selbst schaut und dabei das innig geliebte Herz des formgewordenen Daseins und des Spiegels Seele sieht.

Mein Auge hat die Natur Gottes. Hafis sieht alles mit vollkommenem Gleichmut an, genau wie es meinen Worten entspricht, Liebes. Meine Gedichte werden dir niemals nein sagen, weil ein Spiegel nicht so beschaffen ist, und falls dich jemals ein "tu's nicht" von Gott erreicht – hat Er die Daumen gedrückt und flunkert nur zu deinem eigenen Besten.

große Stille in Sütterlin-Schrift –
in der meine Oma noch geschrieben hat

Большая душа

Große Seele
Russisch in kyrillischer Schrift

Katharina von Siena

1347-1380, aus Siena in Italien stammend, eine christliche Heilige und Mystikerin

LEBE,
OHNE AN STERBEN ZU DENKEN

Wir strengen uns so an, um zu fliegen; doch egal welche Höhen wir erreichen, am Ende werden unsere Flügel in Kerzennähe wieder zusammengefaltet, denn nichts kann in Gott eintreten als er selbst.

Die Seelen sind des Göttlichen herrlicher Stoff, kein Wachposten begehrt, sie aufzuhalten.

Lebe, ohne an Sterben zu denken, denn Sterben ist nicht die Wahrheit.

Gemeinsam haben wir an einem Ast des Himmels geschaukelt, viele Jahre lang wachsen dort die gleichen Blätter. Aber dann bekommen sie jenen seltsamen Ausdruck in den Augen und verabschieden sich von allem, was sie schätzten oder verschmähten. Dieses Leben gab Er der Hülle und den täglichen Kämpfen, die wir kennen; sitze eine Minute still, Liebes, spüre den Wind, laß dich vom Licht berühren.

Lebe, ohne an Sterben zu denken, denn Sterben ist nicht die Wahrheit.

NIEMAND WIRD MICH BENEIDEN

Manchmal spreche ich mit Ihm über all das Leiden in der Welt. „Lieber Gott", habe ich gebetet, „wie ist es möglich, daß Du all die Schrecken, die ich gesehen habe, all die Greueltaten, dem Menschen zu begehen erlaubst, wenn Du – Gott – uns doch stets so nahe stehst und uns helfen könntest? Könnten wir nicht Deine Stimme hören, wie Du mit solcher Liebe und Kraft „Nein" sagst, nie wieder würden wir Schaden anrichten?"

Und mein Herr antwortete: „Wer würde verstehen, wenn ich sagte, daß ich es nicht ertragen kann, auch nur einen Flügel zu beschneiden: jedes Wesen soll aus dem von ihm selbst gewählten Kurs lernen können."

Aber was ist mit einem Mann, der verloren und weinend im Wald umherirrt, Deinen Namen um Hilfe anruft und unwissend auf eine verdeckte Grube mit scharfen Speeren zugeht, die sein Fleisch verstümmeln, wenn er in die Falle hineinkracht?

"Ja, warum entferne ich nicht jedes Objekt von dieser Welt, das jemanden zum Weinen bringen könnte? Ja, warum spreche ich nicht auf eine Weise, die ein Leben retten könnte?

Ich öffnete meine Hand und der Unendliche

eilte zu den Rändern des Raumes – alle Möglichkeiten sind darin enthalten, alle Möglichkeiten, sogar Trauer. Am Ende wird nichts existieren, was jemals einen Schmerz verursacht hat. Niemand wird mich beneiden. Bis in meiner Schöpfung die absolute Unschuld aller verstanden wird, dauert es eine Weile."

NICHTS IST SINNERFÜLLENDER

Die eine Kraft, die unbeschreibliche Herrlichkeit und Pracht erschaffen hat, hat auch Schrecken hervorgebracht, die jede Vorstellungskraft übersteigen, diese Kraft hat Zuflucht in uns gesucht und wird unseren Befehlen folgen.

Macht in den Händen der Schwachen schafft Leiden, spaltet und dividiert die Menschen auseinander.

Diejenigen, die Schönheit in ihrem Leben bewahrt haben, streben danach, ihre Vorurteile zu überwinden, suchen danach, alles freundlich in die Arme zu nehmen, denn nichts ist sinnerfüllender, als bei Ihm zu sein.

DER ORT DER FÜLLE

Wir wissen nichts, bis wir alles wissen. Da ist nichts, was ich verteidigen muß, denn alles ist für mich gleichwertig.

Den Ort der Fülle habe ich gefunden, an dem ich nichts verlieren kann. Wenn etwas weggenommen wird, was mein Herz schätzt, sage ich nur: "Herr, was ist passiert?" Und hundert weitere Formen erscheinen.

शून्यता

Leere - Shunyata – Sanskrit

Brahman in Sanskrit

Kabir

ca. 1440-1518, aus Varanasi in Nordindien stammend, großer Mystiker und Dichter mit Witz und Humor

PROFESSIONELLE BERATUNG

Aus dem Ozean hörte ich, wie eine Million Fische sagten: "Gib mir ein Bier – und zwar schnell."

Ich antwortete: „Meine Lieben, wie kann das sein? Wie kann ein Fisch im Wasser etwas trinken wollen?"

So verrückt sind die Dinge geworden. Wer außer Maya [der großen kosmischen Täuschung] könnte sich so auf die Schnelle eins 'reinziehen und dann damit davonkommen?

Im Ernst: Der Fisch, der im Wasser durstig ist, braucht seriöse professionelle Beratung.

ICH WÄRE FROH

Der Wagen, in dem du sitzt, wird von einem Pferd gezogen und die Zügel hältst du in Händen. Jedoch gibt es in dir zwei Kräfte, die steuern können.

Die meisten Menschen geben allerdings Mir niemals die Zügel in die Hand; so gut sie können, ziehen sie von Ort zu Ort, jedoch nur selten glücklich. Selten nur lachen sie so, daß ihr ganzer Körper davon ergriffen ist und sie den Schubs Gottes in den Rippen spüren.

Wenn du dich müde fühlst, Liebes, meine Schulter ist weich und nachgiebig [ein guter Ruheplatz] und ich wäre froh, eine Weile zu steuern.

WIE DEMÜTIG IST GOTT ?

Wie demütig ist Gott ?

Gott ist der Baum im Wald, der zu sterben bereit ist und sich nicht vor denen mit der Axt verteidigt, weil er sie auch nicht beschämen will. Auch ist Gott die Erde, die sich durch die Werkzeuge des Menschen verunstalten läßt, Gott weint nur; ja, Er weint, aber nur vor jenen, die ihm am nächsten sind.

Selbst wenn ein schönes Tier zu Tode geprügelt wird – nichts kann Gott dazu bringen, sein Schweigen gegenüber der Menge zu brechen und zu sagen: „Hör auf, bitte hör auf, warum tust du Mir das an?"

Wie demütig ist Gott?

Als ich es erkannte, weinte Kabir.

ALS ICH EINMAL DEN ARZT AUFSUCHEN MUSSTE

Weil mir diese Welt Schmerzen bereitete, mußte ich einen Arzt aufsuchen. Als ich dort ankam, konnte ich kaum glauben, was passiert ist – ich habe meinen Lehrer gefunden.

Bevor ich ging, sagte er: "Lust auf ein paar Hausaufgaben?"

"Ja, schon", antwortete ich.

„Na dann, versuche allen Menschen zu danken, die dir Schmerzen verursacht haben. Sie haben dir geholfen, hierher zu kommen.

Seele, Geist
in ägyptischen Hieroglyphen

Mirabai

ca. 1498-1550, aus der Gegend von Rajasthan in Indien stammend, bekannteste Dichterin Indiens und große Mystikerin

HUNDERT OBJEKTE IN DER NÄHE

Ich kenne ein Heilmittel gegen Traurigkeit:

Laß deine Hände etwas berühren, das deine Augen zum Lächeln bringt. Ich wette, es gibt hundert Objekte in der Nähe, die dazu geeignet sind.

Schau dir die Schönheit an, die uns als Geschenk mit auf den Weg gegeben wurde – so groß ist ihre Kraft, daß sie die Erde, den Himmel und unsere Seele belebt.

ICH SCHREIBE VON DIESER REISE

Ich erinnere mich, wie meine Mutter mich halten wollte. Manchmal sah ich zu ihr auf und sah sie weinen.

Jetzt verstehe ich, was damals passiert ist. Liebe ist eine so starke Kraft, daß sie den Käfig aufbrach und sie und alles andere für einen gesegneten Augenblick verschwand.

Alle Bewegungen und Handlungen haben sich aus dem Geschmack [der Freiheit] des Fliegens entwickelt; es ist die Hoffnung auf Freiheit, die all unsere Zellen und Glieder bewegt.

Unfähig, auf der Erde zu leben, wagte sich Mira allein vor – in den Himmel – ich schreibe von der Reise, auf der wir so frei werden wie Gott. Vergiß die Liebe nicht. Sie wird dir all die Verrücktheit schenken, die du brauchst, um dich im ganzen Universum zu entfalten.

ERLÖSE DIESES GESCHLECHT

Mit diesem Kerl zusammen zu leben, da kannst du ja nur verrückt werden; ich wette, der Feigling hat sogar gelogen. Warum Gott in der Hoffnung, dieses Geschlecht zu erlösen, als Mann auf die Erde kommt, – das weiß ich. Er weiß, daß Er uns Frauen etwas schuldet – und zwar mordsmäßig – für die Art und Weise, wie diese brutalen Kerle üblicherweise handeln.

WIE SIE EINANDER HIELTEN

Eine mittellose Frau und ihre kleine Tochter reisten in ein anderes Land, wo sie ein neues Leben zu finden hofften.

Während sie im Zelt übernachteten, wurden sie von drei Männern überfallen, die sie als Beute mitnahmen, in eine Stadt brachten und dort als Sklaven verkauften; jeweils an einen anderen Besitzer. Sie hatten lediglich eine Minute Zeit, bevor sie sich mit unbekanntem Schicksal aus den Augen verloren.

So wie sie sich gegenseitig hielten, so klammert sich meine Seele an Gott.

Name Gottes in hebräischer Schrift

Theresa von Avila

1515-1582, aus Avila in der Sierra de Gredos in Spanien stammend, einflußreichste Heilige der westlichen Welt

KLARHEIT IST FREIHEIT

Gestern trank ich mit einem großen Theologen Tee, wobei er mich fragte: "Was ist deine Erfahrung mit Gottes Willen?" Mir war diese Frage willkommen – denn die Klärung der Gedanken schärft das Denken auch in anderen. Klarheit ist Freiheit – das weiß ich. Was ist meine Erfahrung mit Gottes Willen?

Jeder ist ein Reisender. Die meisten brauchen Unterkunft, Essen und Kleidung. Durch meinen Mund nehme ich in mich hinein, was mich bereichern wird. Was meinen Augen gefällt und sie zufrieden macht, ziehe ich an und trage es. Wo ich mit der Kraft aufwache, alles zu lieben, was mein Geist enthalten kann, solchen Ort wähle ich als Schlafplatz.

Was ist Gottes Wille – für einen Flügel? Jeder Vogel weiß das.

KONZEPTE,
EIN GLAS, DAS WIR ZERBRECHEN

Darauf bedacht, Dich zu sehen, starb die Welt für mich.

Wenn ich Deine Stimme höre – am Rande der Stadt, an der Grenzlinie von Form und Raum –, wie könnte ich dann noch irgendetwas beachten, das von Menschenhand gemacht wurde? Wie könnte ich für Zeit schwärmen oder unter ihr leiden?

In dem Bestreben, Dich zu halten, vergaß ich mich völlig; aber Dir war es egal, auf welche Weise ich kam, um Dich zu schauen; dabei meine ich die Gestalt, meine und Deine Gestalt, welcher Art waren sie? – Die Samenschale, die abfällt, weil sie die vermengten Füße von uns beiden nicht umfassen konnte.

Darauf bedacht, Dich zu sehen, verwandelten sich unsere Seelen in Deine Herrlichkeit, unsere Augen in Dein Feuer. Alle Vorstellungen über Gott sind wie ein Glasgefäß, das wir zerbrechen, weil nur das Unendliche unsere vollkommene Liebe enthalten kann.

ALS ICH DIE QUELLE FAND

Als deine Seele geboren ward, war sie wie ein stiller Ozean, der die Erfahrung seines unendlichen Lebens noch vor sich hatte. Gott kam dann zu den Ufern unserer Seelen und blickte auf die makellose Pracht, die sein göttliches Herz erschaffen hatte. Dann zog er sich aus und tauchte in uns ein.

Nichts haben deine Arme jemals allein getan, die Bewegungen deiner Füße sind durch Wellen verursacht, die er erregt hat. Licht tauft das Leben, wo immer es fällt, und jede Religion und alles auf dieser Erde ist ein Schatten.

Ein Schatten mag sich bewegen, aber er hat keine wirklich eigene Kraft, obwohl er die Schwachen beeinflussen und sie erschrecken kann und Menschen die Dunkelheit nutzen können, um andere auszubeuten.

Als ich die Quelle von allem fand, was wir tun, als ich die Quelle all unserer Wünsche und Begierden fand, wurde Gott demütig:

Er gab zu: „Ja, ich bin Ursprung und Ursache aller Dinge."

DIENER DER EINHEIT

Die Menschen, die an der Macht sind, haben meistens weder die Kraft noch die Weisheit, mit dem Zustand der Dinge zufrieden zu sein.

Die Vernünftigen kennen Zufriedenheit, denn sie lieben Schönheit und Schönheit ist in der Welt immer zu finden.

Je weniger jemand mit dem Licht in Berührung ist, umso mehr spricht er von der Notwendigkeit der Veränderung. Ja, stürze in deinem Inneren jede Regierung, die dich zum Weinen bringt. Das Kind macht der Außenwelt Vorwürfe und konzentriert seine Energien dort.

Der Krieger [des Lichts] erobert die inneren Bereiche und wird beschenkt. Nur die Inspirierten sollten Entscheidungen treffen, die das Leben vieler Menschen betreffen, niemals ein Mensch, der Gott nicht in Armen gehalten hat und Diener der Einheit wird.

Manitu
in der Schrift der Cree (Indianer)

Johannes vom Kreuz

1542–1591, aus Fontiveros nordöstlich von Avila in Spanien stammend, großer mystischer Dichter und Heiliger

MEINE SEELE IST EINE KERZE

Meine Seele ist eine Kerze, die den Schleier verbrannt hat; jetzt bleibt mir nur die ruhmreiche Verpflichtung des Lichts. Die Leiden, die ich erfahren habe, führten mich zu Gott. Für die Menschen bin ich ein heiliger Bekenner.

Wenn ich ihre Tränen sehe, wie sie über ihre Wangen laufen und in Seine Hände fallen, was kann ich sagen – zu ihrem großen Schmerz, den ja auch ich erfahren habe?

Die Seele ist eine Kerze, die die Dunkelheit verbrennen wird, nur die ruhmreiche Verpflichtung der Liebe wird übrig bleiben. Die Leiden, die ich erfahren habe, führten mich zu Gott. Nur seine herrliche Achtsamkeit und Fürsorge sind mir jetzt geblieben.

GESEGNET IST DER SCHLAFENDE MENSCH

Was würde ein lebendig begrabener Mensch tun?

Natürlich mit aller Kraft versuchen, wieder an's Licht der Sonne zu kommen und zu atmen. Hände und Füße, deine Augen, jedes deiner Worte und jeder Gedanke – keine wache Sekunde gibt es, in der die Seele nicht an des Leibes Käfigwände klopft oder pocht, in der sie sich nicht wünschte, daß [mit jedem Atemzug] Gott in ihre Lunge strömt.

Der schlafende Mensch ist gesegnet mit einem Glauben, der sich nicht regt. Wenn Glaube und Vertrauen reifen, verwandeln sie sich in einen fast unersättlichen Hunger; auf der Suche nach Gott muß der wache Löwe an Orten herumstreifen, vor denen er einst Angst hatte.

DIE STIEFEL
HABE ICH GESCHUSTERT

Wie kann ich jene Mitmenschen lieben, die mich gefoltert haben?

Eines Nachts wurde ich in ein Zimmer geschleift und mit Stiefeltritten fast totgeprügelt, hunderte Male ins Gesicht geschlagen und für immer entstellt. Nach Gott schrie ich um Hilfe, bis ich in Ohnmacht fiel.

In der Nacht hatte ich einen Traum, einen Traum – wirklicher als alles in der Welt – aus meinem blutenden Mund fiel ein Riemen der Sandale Christi; ich sah Ihn an, Er weinte und sprach: „Ihre Stiefel habe ich geschustert; wie leid es mir jetzt tut. Was alle Dinge bewegt und antreibt – immer ist es Gott."

ARROGANZ

Das Gewicht der Arroganz ist so hoch, daß kein Vogel damit fliegen kann.

Ein Mensch, der sich anderen überlegen fühlt, kann nicht tanzen; kann nicht den wahren Tanz tanzen, bei dem die Seele Gott in ihre Arme nimmt und ihr beide dann in Dankbarkeit auf die Knie fallt, einer gesegneten Dankbarkeit dem Leben gegenüber.

Geist
in japanischer Kalligraphie

Tukaram

ca. 1608-1649, aus Dehu in Maharashtra in Indien stammend, Mystiker und Dichter mit satirischem Humor

ZU SCHLAU

Wir sind zu schlau, um »etwas« gegen »nichts« einzutauschen. Der Tod des Ego – herunter gehandelt – bist du verrückt? Niemand schmeißt einen guten Liebhaber aus dem Bett, es sei denn, er weiß, daß er zwei weitere im Vorbeigehen bekommt.

WAHRSCHEINLICH
WIE EIN MEDIKAMENT

Gestern Abend sagte Gott zu mir:

„Tuka, wenn du meine Arme näher bringen willst, funktioniert diese Spöttelei über die Liebe nicht, obwohl ich sie unterhaltsam finde und sie wahrscheinlich auf manche Menschen wie ein Medikament wirkt."

VON PELZ UMSCHLOSSEN

Zusammen mit meiner Katze meditierte ich neulich, als sie plötzlich ausrief: "Was ist passiert?"

Sofort wußte ich, was sie meinte, ermutigte sie jedoch, mehr zu sagen – ich fühlte, daß sie nachts besser schlafen würde, wenn sie Gelegenheit hatte, alles auszusprechen.

Daher antwortete ich: „Erzähl mir mehr, meine liebe" woraufhin sie seelenvoll miaute:

„Nun, ich war mit dem Himmel verschmolzen. Als Kometen zischte ich hier und her, als Sonnen war ich in großer Hitze, Hölle – und ganze Galaxien war ich. Aber jetzt schau her – von Pelz bin ich umschlossen."

Dazu sagte ich nur: "Ich weiß genau, was du meinst."

Was soll man zu Gesprächen zwischen Mystikern schon sagen?

MEIN GLÜCKSSTEIN

Als ich ein Eichhörnchen ansprach und fragte: "Was ist das, was du da trägst ?" antwortete es mir:

„Mein Glücksstein; ist er nicht hübsch?"

Ich hielt ihn, schaute ihn an und sagte: "In der Tat."

Später fragte ich Gott: "Was ist diese Erde?" Und Er sagte: „Sie ist mein Glücksstein; ist sie nicht wunderbar?"

Ja, in der Tat.

Das Tao in chinesischer Schrift

Weitere Bücher von Daniel Ladinsky
in deutscher Sprache:

Ich hörte Gott lachen: Gedichte inspiriert
von Hafiz (Deutsch) Taschenbuch – 2011
von Daniel Ladinsky (Autor), Chandravali
Schang (Übersetzer), Arbor Verlag

Die leuchtenden Worte meines Geliebten:
Inspiriert von Hafiz (Deutsch), Gebundene
Ausgabe – 2013 von Daniel Ladinsky
(Autor), Chandravali Schang, Kindle Verlag

Weitere Bücher von Ekkehard Ortmann:

»Der tiefste Grund ist Grund zur Freude«
(ISBN 978-3-8482-5721-8), auch als Hörbuch
beim Autor erhältlich

»Was in der Seele nachklingt ...«
(ISBN 978-3-8482-2315-2)

»Sprache als Wegweiser auf spirituellen Pfa-
den« (ISBN: 978-3-7357-8838-2)

»Zum Sein geboren«
(ISBN: 978-3-7386-2643-8)
Diese Broschüre nur als E-Buch

siehe auch:
https://www.der-innere-weg.de